Michael Heinen-Anders
Verbot des freien Denkens und Sprechens – unsere Zukunft?

Copyright ©2019 Michael Heinen-Anders

Herstellung und Verlag: BoD-Books on Demand, Norderstedt

ISBN **9783741299766**

Inhaltsverzeichnis

Verbot des freien Denkens –
Einschränkung der freien Sprache

George Orwells Kleine Grammatik

Was also prophezeite Rudolf Steiner für die nähere und weitere Gegenwart und Zukunft?

Weitere Gegenwartstendenzen

Autobiographische Notiz

Verbot des freien Denkens – Einschränkung der freien Sprache

J.W. Ernst schrieb im letzten Jahrhundert ein Buch mit dem interessanten Titel "Das Schicksal unserer Zivilisation und die kommende Kultur des 21. Jahrhunderts". Er geht dort[1] Hinweisen Rudolf Steiners nach, dass die Menschheit schon in Kürze das Schreiben und oft auch das Lesen verlernen würde.
An seine Stelle soll aber eine ausgeprägte Sprachkunst (Sprachgestaltung) auf der Bühne treten.

Es ist aber u.U. weitaus krasser, was George Orwell in seinem Werk "1984" bereits 1948 prognostizierte.
Es handelt sich dabei um eine reduzierte Sprache, die den Menschen die individuellen Denkmöglichkeiten raubt. Es gibt erlaubte Kürzel und verbotene Worte. Desgleichen ist bereits heute zu

---

[1] J.W. Ernst: Das Schicksal unserer Zivilisation und die kommende Kultur des 21. Jahrhunderts, Novalis Vlg., Schaffhausen 1987

konstatieren: Worte, wie "Gender", „Divers", „Homo", „Lesbe", die "Klimakirche", und die Regeln der sogenannten "Political Correctness" reduzieren, die "erlaubten Sprachelemente" bereits erheblich. Alles Reden über Volk, Nation, Heimat, Hautfarbe und Ethnie gelten als "Nazi", sprich als „Rassismus".

Als Straßenslang ist zu hören: „Du Opfer", „Du Behinderter" oder „Du Jude" – allesamt gemeint als Schimpworte, wodurch sich bereits eine erhebliche Verrohung der Deutschen Sprache ergibt. Auch durch die Inflationierung von Internet-Medien wie „Youtube", „Facebook", „Google", Smartphone-Spracheingabehilfen usw. usf. werden solche Entwicklungen zur Automatisierung der Sprache bereits erheblich gefördert. Bereits 1916 - also noch vor dem Eintritt Amerikas in den ersten Weltkrieg - formulierte Rudolf Steiner folgende Prophetie: "Es wird nicht lange dauern, wenn man das Jahr 2000 geschrieben haben wird, da wird nicht ein direktes, aber eine Art von Verbot für alles Denken von Amerika ausgehen, ein Gesetz, welches den Zweck haben wird, alles individuelle Denken zu unterdrücken." (Rudolf Steiner, GA 167, S. 98, 4. Vortrag, Berlin, 04. April 1916). Damit drückte Rudolf Steiner aus, dass das Gerede von den westlichen Werten und Freiheiten zur Phrase, Konvention und schließlich zur Lüge wird. Denn in Wahrheit wird das individuelle Denken routiniert unterdrückt werden durch ein überbordendes, allherrschend gewordenes Wirtschaftsleben. Die freiheitliche Demokratie der westlichen Welt steht nur zu oft nur noch auf dem Papier - und wird, wie die "Wikileaks"- und NSA-Abhör-Debatte zeigt, nicht selten durch den Herrschaftsanspruch des "militärisch-industriellen Komplexes" (Noam Chomsky) auf dem Altar des "Common sense" gemeinsamer Werte und Interessen gewissermaßen zu Tode gebracht, d.h. dem Gotte "Mammon" zur Opfergabe gebracht. Hinter vermeintlichem aufgeklärtem Denken, verbergen sich nicht selten regressive Interessen (vgl. z.B. Neoliberalismus und „Liberale Anthroposophie" [2]).

Neuerdings werden in der Welt der angelsächsischen Politik Maßnahmen betrieben, um neben Pornographie auch esoterische Inhalte vollständig aus dem Internet eliminieren zu können, indem Internetanbieter dazu verpflichtet werden sollen, entsprechende Filter zu schaffen. Hinzu kommen noch von der EU vorgesehene Upload-Filter im Internet, vermeintlich zu Urheberrechtszwecken, aber tatsächlich wohl eher zu einer möglichst breitgefächerten Zensur.

Was ist im Rahmen dieses verordneten "Neusprech" überhaupt noch möglich zu sagen?

Wieweit sind esoterische Inhalte überhaupt noch per Sprache transportabel? Darüber sollten wir uns einmal Gedanken machen. Es soll aber noch schlimmer kommen:

---

[2] https://anthrowiki.at/Liberale_Anthroposophie

Eine Unterdrückung des Denkens wird sich etwa ab dem Jahr 2200 laut Rudolf Steiner durch die Entwicklung der westlichen Welt ausbreiten. Schon heute weist die fortschreitende Entwicklung des maschinellen „Denkens", der künstlichen Intelligenz, in diese Richtung. Ein entsprechendes Gegengewicht gegen diese Tendenzen kann - und wird - nur durch die Geisteswissenschaft[3] gefunden werden können.

George Orwells Kleine Grammatik

„Die Neusprache war die in Ozeanien eingeführte Amtssprache und zur Deckung der ideologischen Bedürfnisse des Engsoz[4] erfunden worden. Sie hatte nicht nur den Zweck, ein Ausdrucksmittel für die Weltanschauung und geistige Haltung zu sein, die den Anhängern des Engsoz allein angemessen war, sondern darüber hinaus

---

[3] Geisteswissenschaft steht hier synonym für Anthroposophie, wobei Anthroposophie sich in Anthro=Mensch und Sophie=Weisheit noch weiter aufteilen läßt.
[4] neudeutsch evtl. auch „Ökosoz"

jede Art anderen Denkens auszuschalten. Wenn die Neusprache erst ein für allemal angenommen und die Altsprache vergessen worden war (etwa im Jahre 2050), sollte sich ein unorthodoxer – d. h. ein von den Grundsätzen des Engsoz abweichender Gedanke – buchstäblich nicht mehr denken lassen, wenigstens insoweit Denken eine Funktion der Sprache ist. Der Wortschatz der Neusprache war so konstruiert, daß jeder Mitteilung, die ein Parteimitglied berechtigterweise machen wollte, eine genaue und oft mehr differenzierte Form verliehen werden konnte, während alle anderen Inhalte ausgeschlossen wurden, ebenso wie die Möglichkeit, etwa auf indirekte Weise das Gewünschte auszudrücken. Das wurde durch die Erfindung neuer, hauptsächlich aber durch die Ausmerzung unerwünschter Worte erreicht, und indem man die übriggebliebenen Worte so weitgehend wie möglich jeder unorthodoxen Nebenbedeutung entkleidete. Ein Beispiel hierfür: das Wort frei gab es zwar in der Neusprache noch, aber es konnte nur in Sätzen wie »Dieser Hund ist frei von Flöhen«, oder »Dieses Feld ist frei von Unkraut« angewandt werden. In seinem alten Sinn von »politisch frei« oder »geistig frei« konnte es nicht gebraucht werden, da es diese politische oder geistige Freiheit nicht einmal mehr als Begriff gab und infolgedessen auch keine Bezeichnung dafür vorhanden war. Die Neusprache war auf der vorhandenen Sprache aufgebaut, obwohl viele Neusprachsätze, auch ohne neu erfundene Worte zu enthalten, für einen Menschen des Jahres 1950 kaum verständlich gewesen wären. Der Wortschatz war in drei deutlich abgegrenzte Klassen eingeteilt, die im folgenden gesondert behandelt werden. Für die rein grammatikalischen Besonderheiten gilt jedoch das unter Wortschatz A gesagte für alle drei Kategorien. Der Wortschatz A bestand aus den für das tägliche Leben benötigten Worten – für Dinge wie Essen,

Trinken, Arbeiten, Anziehen, Treppensteigen, Eisenbahnfahren, auszudrücken, bei denen es sich gewöhnlich um konkrete Dinge oder physische Vorgänge handelte. Ein Merkmal der Neusprach-Grammatik war die fast vollständige Austauschbarkeit unter den verschiedenen syntaktischen Bestandteilen. Jedes Wort konnte sowohl als Zeit-, Haupt-, Eigenschafts- oder Umstandswort verwendet werden. Zeit- und Hauptwort hatten dieselbe Form, wenn sie die gleiche Wurzel hatten, ja selbst wo kein etymologischer Zusammenhang vorhanden war. Es gab zum Beispiel kein Wort für schneiden, da seine Bedeutung schon hinreichend durch das Hauptwort Messer gedeckt war. Eigenschaftsworte wurden gebildet, indem man dem Hauptwort die Nachsilbe -voll, Umstandsworte, indem man -weise anhängte.
Jedes Wort konnte durch Voranstellung von un- in sein Gegenteil umgewandelt oder durch die Voranstellung von plus-

oder von doppelplus- gesteigert werden. So bedeutete beispielsweise unkalt »warm«, während pluskalt oder doppelpluskalt »sehr kalt« oder »überaus kalt« bedeuteten.

Auch war es möglich, die Bedeutung fast jeden Wortes durch die Voranstellung von vor-, nach-, ober- unter- usw. abzuwandeln. Diese Methode ermöglichte es, den Wortschatz ganz gewaltig zu vermindern.

Das zweite hervorstechende Merkmal der Neusprach-Grammatik war ihre Regelmäßigkeit. Abgesehen von einigen nachfolgend erwähnten Ausnahmen folgten alle Beugungen derselben Regel. Bei allen Zeitwörtern waren das Imperfektum und das Partizip der Vergangenheit identisch und endeten auf -te. Das Imperfektum von stehlen war stehlte, von denken denkte usw., während alle Formen wie dachte, schwamm, brachte, sprach, nahm abgeschafft waren. Die einzigen Wortarten, die weiterhin unregelmäßig gebeugt werden durften, waren die Fürwörter und die Hilfszeitworte. Ein Wort, das schwer auszusprechen oder leicht mißzuverstehen war, galt eo ipso als etwas Schlechtes: deshalb wurden gelegentlich um des Wohlklangs willen Buchstaben in ein Wort eingeschoben oder veraltete Formen beibehalten. Aber diese Notwendigkeit machte sich vor allem in Zusammenhang mit Wortschatz B bemerkbar.

Der Wortschatz B bestand aus Worten, die absichtlich zu politischen Zwecken gebildet worden waren, d. h. die nicht nur in jedem Fall auf einen politischen Sinn abzielten, sondern dazu bestimmt waren, den Benutzer in die gewünschte Geistesverfassung zu versetzen. Ohne ein eingehendes Vertrautsein mit den Prinzipien des Engsoz war es schwierig, diese Worte richtig zu gebrauchen. In manchen Fällen konnte man sie in die Altsprache oder sogar in Worte aus dem Wortschatz A übersetzen, aber dazu war gewöhnlich eine lange Umschreibung notwendig, und unweigerlich gingen dabei gewisse Schattierungen verloren. Die B-Worte waren eine Art Stenographie, mit der man oft eine ganze Gedankenreihe in ein paar Silben zusammenfassen konnte. Ihre Formulierungen waren genauer und zwingender als die gewöhnliche Sprache. Die B-Worte waren immer zusammengesetzt. Sie bestanden aus zwei oder mehr Worten oder Wortteilen, die zu einer leicht aussprechbaren Form zusammengezogen waren. Die erzielte Verschmelzung war zunächst immer ein Hauptwort, von dem dann in der üblichen Weise weitere Worte abgeleitet wurden. Beispiel: das Wort Gutdenk bedeutete gemeinhin »orthodoxe Haltung, Strenggläubigkeit«, als Zeitwort »in orthodoxer Weise denken« (Vergangenheit gutdenkte); als Eigenschaftswort gutdenkvoll; als Umstandswort gutdenkweise; als aktives Hauptwort Gutdenker.[5]

Der Stamm der B-Worte konnte Bestandteilen jeder Wortart angehören, die

---

[5] Hier fällt der bereits heute gängige Begriff „Gutmensch" auf.

in jeder Reihenfolge angeordnet und beliebig verstümmelt werden konnten, um ein leicht aussprechbares neues Wort zu bilden. In dem Worte Undenk (Verstoß gegen die Parteidisziplin) z. B. stand denken an zweiter Stelle, während es in Denkpoli (Gedankenpolizei) auf die erste Stelle kam, wobei das Wort Polizei seine dritte Silbe einbüßte.

Manche B-Worte hatten eine höchst differenzierte Bedeutung, die jemandem, der nicht mit der Sprache im ganzen vertraut war, kaum verständlich wurde. Als Beispiel diene ein typischer Satz aus dem Times-Leitartikel: Altdenker unintusfühl Engsoz. Die kürzeste Wiedergabe, die davon in der Altsprache möglich gewesen wäre, hätte lauten müssen: »Diejenigen, deren Weltanschauung sich vor der Revolution geformt hat, können die Prinzipien des neuen englischen Sozialismus nicht wirklich von innen heraus verstehen.«. Dazu mußte man erst eine genaue Vorstellung von dem haben, was mit Engsoz gemeint war. Dazu

kommt, daß nur ein völlig im Engsoz aufgegangener Mensch die ganze Kraft des Wortes intusfühl nachzuempfinden vermag, das eine blinde, begeisterte Hingabe bezeichnete, die man sich nur schwer vorstellen kann, desgleichen das Wort Altdenk, das untrennbar mit der Vorstellung von Schlechtigkeit und Entartung verknüpft war.
Wie wir bereits bei dem Wort frei gesehen haben, wurden Worte, die früher einen ketzerischen Sinn hatten, manchmal aus Bequemlichkeitsgründen beibehalten – aber nur, nachdem man sie von ihren unerwünschten Bedeutungen gereinigt hatte. Zahlreiche Worte wie Ehre, Gerechtigkeit, Moral, Internationalismus, Demokratie, Wissenschaft und Religion gab es ganz einfach nicht mehr.
Sie waren durch ein paar Oberbegriffe ersetzt und damit hinfällig geworden. Alle mit den Begriffen der Freiheit und Gleichheit zusammenhängenden Worte z. B. waren in dem einzigen Wort Undenk enthalten, während alle um die Begriffe

Objektivität und Rationalismus kreisenden Worte sämtlich in dem Wort Altdenk Inbegriffen waren. Eine größere Genauigkeit wäre gefährlich gewesen. **Kein** Wort des Wortschatzes B war ideologisch **neutral**. Eine ganze Anzahl hatte den Charakter reiner sprachlicher Tarnung und waren einfach Euphemismen. So bedeuteten zum Beispiel Worte wie Lustlager (= Zwangsarbeitslager) oder Minipax (= Friedensministerium – Kriegsministerium) fast das genaue Gegenteil von dem, was sie zu besagen schienen. Andererseits zeigten einige Worte ganz offen eine verächtliche Kenntnis der wahren Natur der ozeanischen Verhältnisse. Ein Beispiel dafür war Prolefutter, womit man die armseligen Lustbarkeiten und die verlogenen Nachrichten meinte, mit denen die Massen von der Partei abgespeist wurden. Andere Worte wiederum hatten eine Doppelbedeutung, sie bedeuteten etwas Gutes, wenn sie auf die Partei, und etwas Schlechtes, wenn sie auf deren

Feinde angewandt wurden. Aber außerdem gab es noch eine große Anzahl von Worten, die auf den ersten Blick wie einfache Abkürzungen aussahen und ihre ideologische Färbung nicht von ihrer Bedeutung, sondern von ihrer Zusammensetzung bekamen.
Soweit wie möglich wurde alles, was irgendwie politische Bedeutung hatte oder haben konnte, dem Wortschatz B angepaßt. Der Name jeder Organisation oder Gemeinschaft, jeden Dogmas, jedes Landes, jeder Verordnung, jeden öffentlichen Gebäudes wurde unabänderlich auf den gewohnten Nenner gebracht: in die Form eines einzigen, leicht aussprechbaren Wortes mit möglichst geringer Silbenzahl, von dem man die ursprüngliche Ableitung noch ablesen konnte. Im Wahrheitsministerium z.B. wurde die RegistraturAbteilung, in der Winston Smith beschäftigt war, Regab genannt, die Literatur-Abteilung Litab, die Televisor-Programm-Abteilung Telab usw. Das geschah nicht nur aus Gründen der

Zeitersparnis. Schon in den ersten Jahrzehnten des zwanzigsten Jahrhunderts waren solche zusammengezogenen Worte charakteristisches Merkmal der politischen Sache gewesen; wobei es sich gezeigt hatte, daß die Tendenz, solche Abkürzungen zu benutzen, in totalitären Ländern und bei totalitären Organisationen am ausgeprägtesten war (Nazi, Gestapo, Komintern, Agitprop). Zunächst war das Verfahren offenbar ganz unbewußt und zufällig in Gebrauch gekommen, in der Neusprache aber wurde es vorsätzlich angewandt. Man hatte erkannt, **daß durch solche Abkürzungen** die Bedeutung einer Bezeichnung eingeschränkt und unmerklich verändert wurde, indem sie die meisten der ihr sonst anhaftenden Gedankenverbindungen verlor. Die Worte Kommunistische Internationale z. B. erweckten das Bild einer weltumspannenden Menschheitsverbrüderung, von roten Fahnen, Barrikaden, Karl Marx und der Pariser Kommune. Das Wort Komintern dagegen läßt lediglich an eine eng zusammengeschlossene Organisation und eine deutlich umrissene Gruppe von Anhängern einer politischen Doktrin denken; es umreißt etwas, das fast so leicht zu erkennen und auf seinen Zweck zu beschränken ist wie ein Stuhl oder ein Tisch. Komintern ist ein Wort, das man fast gedankenlos gebrauchen kann, während man über die Bezeichnung Kommunistische Internationale schon einen Augenblick nachdenken muß. Ebenso sind die Assoziationen, die durch ein Wort wie Miniwahr hervorgerufen werden, geringer an Zahl und leichter kontrollierbar, als bei der Bezeichnung Wahrheitsministerium. Das erklärt nicht nur die Gewohnheit, bei jeder nur möglichen Gelegenheit Abkürzungen zu gebrauchen, sondern auch die fast übertriebene Sorgfalt, die darauf verwendet wurde, für jedes dieser Worte eine bequem aussprechbare Form zu finden.

Es überwog in der Neusprache deshalb die Rücksicht auf leicht eingehenden Wohlklang jede andere Erwägung, außer der Genauigkeit der Bedeutung; grammatische Regeln mußten immer zurücktreten, wenn es erforderlich schien. Und das mit Recht, denn man benötigte – vor allem für politische Zwecke – unmißverständliche Kurzworte, die leicht ausgesprochen werden konnten und im Denken des Sprechers ein Minimum an ideenverwandten Erinnerungen wachriefen. Die einzelnen Worte des Wortschatzes B gewannen noch an Ausdruckskraft dadurch, daß sie einander fast alle sehr ähnlich waren. Sie waren fast immer zwei-, höchstens dreisilbig (Gutdenk, Minipax, Lustlager, Engsoz, Intusfühl, Denkpoli), wobei die Betonung ebenso häufig auf der ersten wie auf der letzten Silbe lag. Durch ihre Verwendung entwickelte sich ein bestimmter rednerischer Stil, der zugleich zackig, hohltönend und monoton war.

Der Wortschatz C bildete eine Ergänzung der beiden vorhergehenden und bestand lediglich aus wissenschaftlichen und technischen Fachausdrücken. Diese ähnelten den früher gebräuchlichen und leiteten sich aus den gleichen Wurzeln ab, doch ließ man die übliche Sorgfalt walten, sie streng zu umreißen und von unerwünschten Nebenbedeutungen zu säubern. Sie folgten den gleichen grammatikalischen Regeln wie die Worte in den beiden anderen Wortschätzen. Sehr wenig C-Worte tauchten in der politischen Sprache oder der Umgangssprache auf. Jeder wissenschaftliche Arbeiter oder Techniker konnte alle von ihm benötigten Worte in einer für sein Fach aufgestellten Liste finden, während er selten über eine mehr als oberflächliche Kenntnis der in den anderen Listen verzeichneten Worte verfügte. Nur einige wenige Worte standen auf allen Listen, doch es gab kein Vokabular, das die Funktion der Wissenschaft unabhängig von ihren jeweiligen Zweigen als eine geistige

Einstellung oder Denkungsart ausgedrückt hätte, ja es gab nicht einmal ein Wort für »Wissenschaft«, da jeder Sinn, den es hätte haben können, bereits hinreichend durch das Wort Engsoz umschrieben war.

Es war also in der Neusprache so gut wie unmöglich, verbotenen Ansichten, über ein sehr niedriges Niveau hinaus, Ausdruck zu verleihen. Man konnte natürlich ganz grobe Ketzereien wie einen Fluch aussprechen. Man hätte z. B. sagen können: Der Große Bruder ist ungut. Aber diese Feststellung, die für ein orthodoxes Ohr lediglich wie ein handgreiflicher Unsinn geklungen hätte, durch Vernunftargumente zu stützen, wäre ganz unmöglich gewesen, da die nötigen Worte dafür fehlten. Im Jahre 1984, zu einer Zeit also, da die Altsprache noch das normale Verständigungsmittel war, bestand theoretisch immer noch die Gefahr, daß man sich bei der Benutzung von Neusprachworten an ihren ursprünglichen Sinn erinnern konnte. In der Praxis war es für jeden im Zwiedenken geschulten

Menschen natürlich nicht schwer, das zu vermeiden, aber schon nach zwei weiteren Generationen würde auch die bloße Möglichkeit einer solchen Entgleisung überwunden sein. Ein mit der Neusprache als einzigem Verständigungsmittel aufwachsender Mensch würde nicht mehr wissen, daß gleich einmal die Nebenbedeutung von »politisch gleichberechtigt« gehabt oder daß frei einmal »geistig frei« bedeutet hatte, genau so wenig wie ein Mensch, der noch nie etwas vom Schachspiel gehört hat, die darauf bezüglichen Nebenbedeutungen von Königin und Turm kennen kann. Viele Verbrechen und Vergehen würde dieser Mensch nicht mehr begehen können, weil er keinen Namen mehr dafür hatte und sie sich deshalb gar nicht mehr vorstellen könnte.

Es war vorauszusehen, daß im Laufe der Zeit die Besonderheiten der Neusprache immer mehr hervortreten würden – es würde immer weniger Worte geben und deren Bedeutung immer starrer werden.

Auch würde die Möglichkeit, sie zu unlauteren Zwecken zu gebrauchen, ständig geringer werden. Sobald die Altsprache ein für allemal verdrängt war, war auch das letzte Bindeglied mit der Vergangenheit dahin. Die Geschichte war bereits umgeschrieben worden, doch gab es da und dort unzureichend zensierte Bruchstücke aus der Literatur der Vergangenheit, und solange jemand die Altsprache verstand, war es möglich, sie zu lesen. In der Zukunft würden solche Fragmente, auch wenn sie zufälligerweise erhalten blieben, unverständlich und unübersetzbar sein. Es war unmöglich, irgend etwas veraltetes, direkt zu übersetzen, so daß also auch kein vor 1960 geschriebenes Buch, so wie es war, übersetzt werden konnte. Vorrevolutionäre Literatur konnte nur einer ideologischen Übertragung unterzogen werden, das heißt einer Veränderung sowohl dem Sinne als der Sprache nach. Man nehme zum Beispiel die wohlbekannte Stelle aus der amerikanischen Unabhängigkeitserklärung: >>Wir erachten diese Wahrheiten als selbstverständlich, daß alle Menschen gleich erschaffen worden sind, daß der Schöpfer ihnen gewisse unabänderliche Rechte verliehen hat als solche sind: Leben, Freiheit, und das Streben nach Glück. Daß, um diese Rechte ihnen zu sichern, Regierungen unter den Menschen eingesetzt worden sind, deren gerechte Gewalt sich von der Zustimmung der Regierten herleitet. Daß, wenn immer eine Form der Regierung zerstörend in diese Endzwecke eingreift, das Volk das Recht besitzt, diese zu ändern oder abzuschaffen und eine neue Regierung einzusetzen ...>> Es wäre ganz unmöglich gewesen, dies in die Neusprache zu übertragen und dabei den Sinn des Originals zu erhalten. Am nächsten etwa käme diesem Vorgang das Aufgehen dieses ganzen Abschnittes in dem einen Wort: Verbrechdenk. Eine vollständige Übersetzung hätte nur eine ideologische sein können, wobei Jeffersons

Worte in eine Lobeshymne auf die absolutistische Regierungsform umgewandelt worden wären.
Ein großer Teil der Literatur der Vergangenheit war tatsächlich schon in dieser Weise verändert worden. Prestigerücksichten ließen es wünschbar erscheinen, das Andenken an bestimmte historische Figuren beizubehalten, doch so, daß man deren Errungenschaften mit der Linie des Engsoz in Einklang brachte. Verschiedene Schriftsteller wie Shakespeare, Milton, Swift, Byron, Dickens und andere[6] wurden deshalb einer Übertragung unterzogen. Sobald dies vollbracht worden war, wurden sowohl die Originalwerke wie auch alles andere, das aus der Literatur gebräuchlich war, vernichtet. Diese Art von Übertragung waren eine langwierige und mühsame Angelegenheit, und deren Beendigung konnte nicht vor dem ersten oder zweiten Jahrzehnt des einundzwanzigstenJahrhunderts erwartet

---

[6] Sicherlich auch Goethe, Schiller, Lessing und R. Steiner

werden. Es gab noch eine große Menge reiner Fachliteratur – unentbehrlich technische Handbücher und dergleichen, die in der gleichen Weise bearbeitet werden mußten. Hauptsächlich um Zeit zu den vorbereitenden Übersetzungsarbeiten zu gewinnen, wurde die endgültige Einführung der Neusprache auf einen so späten Zeitpunkt wie 2050 festgesetzt."

(George Orwell: 1984 – Roman, Ullstein Vlg., München 2001, S. 274 – 281)

Natürlich ist der von George Orwell gewählte Zeitrahmen (bis 2050) etwas eng gefasst, und um mit Rudolf Steiner zu sprechen, ist solches wohl doch eher mit dem Jahre 2200 (circa) zu erwarten.

Was also prophezeite Rudolf Steiner für die nähere und weitere Gegenwart und Zukunft?

„Es wird nicht lange dauern nach dem Jahre 2000, da wird die Menschheit

Sonderbares zu erleben haben, Dinge, die sich heute nur langsam vorbereiten. (…) Der größere Teil der Menschheit wird seinen Einfluß von Amerika, von dem Westen herüber haben, und der geht einer anderen Entwickelung entgegen. Der geht jener Entwickelung entgegen, die heute sich erst in den idealistischen Spuren, gegenüber dem, was da kommt, in sympathischen Anfängen zeigt. Man kann sagen: Die Gegenwart hat es noch recht gut gegenüber dem, was da kommen wird, wenn die westliche Entwickelung immer mehr und mehr ihre Blüten treibt. Es wird gar nicht lange dauern, wenn man das Jahr 2000 geschrieben haben wird, da wird nicht ein direktes, aber eine Art von Verbot für alles Denken von Amerika ausgehen, ein Gesetz, welches den Zweck haben wird, alles individuelle Denken zu unterdrücken. Auf der einen Seite ist ein Anfang dazu gegeben in dem
was heute die rein materialistische Medizin macht, wo ja auch nicht mehr die Seele wirken darf, wo nur auf Grundlage des

äußeren Experiments der Mensch wie eine Maschine behandelt wird.
(...)Und damit nicht gestört wird das feste Gefüge des sozialen Zusammenhangs der Zukunft, werden Gesetze erlassen werden, auf denen nicht direkt stehen wird: Das Denken ist verboten, aber die die Wirkung haben werden, daß alles individuelle Denken ausgeschaltet wird. Das ist der andere Pol, dem wir entgegen arbeiten. Dagegen ist das Leben heute immerhin nicht gar so unangenehm. Denn wenn man nicht über eine gewisse Grenze hinausgeht, so darf man ja heute noch denken, nicht wahr? Allerdings eine gewisse Grenze überschreiten darf man ja nicht, aber immerhin, innerhalb gewisser Grenzen darf man noch denken. Aber das, was ich geschildert habe, das steckt in der Entwickelung des Westens, und das wird kommen durch die Entwickelung des Westens. Also in diese ganze Entwickelung muß sich auch die geisteswissenschaftliche Entwickelung hineinstellen. Das muß sie klar und

objektiv durchschauen. Sie muß sich klar sein, daß das, was heute wie ein Paradoxon erscheint, geschehen wird: ungefähr im Jahre 2200 und einigen Jahren wird eine Unterdrückung des Denkens in größtem Maßstabe auf der Welt losgehen, in weitestem Umfange.
Und in diese Perspektive hinein muß gearbeitet werden durch Geisteswissenschaft. Es muß soviel gefunden werden — und es wird gefunden werden —, daß ein entsprechendes Gegengewicht gegen diese Tendenzen da sein kann in der Weltenentwickelung."

(Rudolf Steiner, GA 167, S. 97ff, 4.Vortrag, Berlin, 04. April 1916)

Weitere Gegenwartstendenzen

Es nimmt nicht wunder, wenn beispielsweise ehemalige Migranten, die von ihnen nur „mit Mühe" erlernte Schriftsprache „deutsch", am liebsten einer radikalen Veränderung unterziehen wollten.

So etwas kommt nun leichterdings, wie im Scherz daher, so etwa das Buch von Abbas Khider, „Deutsch für alle: Das endgültige Lehrbuch", (Carl Hanser Vlg., München 2019). Es kokettiert ganz und gar unironisch mit dem Versuch das heute gebräuchliche deutsch leichter „handhabbar" zu machen, so dass auch Sprachfremde, diese Sprache, innerhalb von Monaten erlernen können.

Dabei wird nicht nur der deutschen Schriftkultur der Garaus gemacht, sondern auch der Variantenreichtum, ja das „geistige" der deutschen Sprache gewissermassen „wegoperiert", so als hätte man es mit einem halbtoten Patienten der Intensivstation zu tun, der als potentieller Organspender nun um seine Ingredienzien gebracht werden soll.

All dies sind Anzeichen, dass unsere Sprache nicht mehr zu retten ist.

Beherbergen doch auch die Inhalte der Vortragenden bei Poetry-Slams oder auch bei Comedians fast ausschließlich nur noch verkürzte slangartige Phoneme, mit denen die deutsche Sprache nun „verschlimmbessert" wird.

Doch nicht nur die geschriebene, sondern auch die politisch gesprochene Sprache wird zunehmend angefeindet, wie kürzlich der Youtuber-„Rezo" erfahren durfte.[7] Eine geisteswissenschaftlich[8] angezeigte Handhabung realer Phänomene, durch Sprache, wird so bereits derzeit immer schwieriger.[9] Schon früh begann die Nuklearindustrie mit verniedlichenden Worten, wie „Kernkraft", worunter fälschlich rein assoziativ etwas Gesundes verstanden werden kann.[10] Der „größte

---

[7] Vgl. https://www.handelsblatt.com/politik/deutschland/nach-rezo-video-kramp-karrenbauer-konkretisiert-forderung-nach-regeln-fuers-internet/24439548.html?ticket=ST-1412755-PUobIq43C4XQkVXH5lAP-ap3
[8] Also anthroposophisch
[9] Vgl. z.B. Literaturmagazin 8: Die Sprache des Großen Bruders. Gibt es ein ost-westliches Kartell der Unterdrückung? – Herausgegeben durch Nicolas Born und Jürgen Manthey, Rowohlt – das neue buch, Rowohlt Taschenbuchverlag, Reinbek bei Hamburg 1977
[10] Ebenda, S. 73f

anzunehmene Unfall hingegen" wurde mit „Gau" oder gar „Super-Gau" verniedlicht.[11]

Nun ist man ja in Deutschland bereits so weit, als dass diese Technologie auslaufen soll, während Franzosen, Briten, Belgier, selbst die erheblich durch die Explosionen von „Fukushima"[12] gehandikapten Japaner, diese unheilvolle Technologie weiterführen wollen.

Diese Beispiele zeigen jedoch allesamt, wie im Kommerzinteresse Sprache verniedlicht, ja gar zweckentfremdet wird.

---

[11] Ebenda, S. 79f
[12] Vgl. Flensburger Hefte, Sonderheft 29: Die Warnung von Fukushima. Erdbeben – Vulkanismus – Radioaktivität, Flensburger Hefte Vlg., Flensburg 2011

Autobiographische Notiz:

Michael Heinen-Anders wurde am 25.02.1960 in Köln geboren. Er studierte an der Bergischen Universität Wuppertal Wirtschafts- und Sozialwissenschaften. Im Januar 1989 schloss er das Studium als Diplom-Ökonom ab. Michael Heinen-Anders trat 1994 der Anthroposophischen Gesellschaft, Zweig Köln, bei. Seit 2011 ist er gleichfalls Mitglied der Freien Hochschule für Geisteswissenschaft. Er veröffentlichte zahlreiche literarische, essayistische und wissenschaftliche Schriften, darunter „Aus anthroposophischen Zusammenhängen", BoD, Norderstedt 2010 und „Aus anthroposophischen Zusammenhängen Band II", BoD, Norderstedt 2018. Michael Heinen-Anders lebt in Köln, ist geschieden und hat zwei erwachsene Töchter.